四会市博物馆
SIHUI MUSEUM

古邑藏珍

四会市可移动文物图录

四会市博物馆　主编

吉林大学出版社

图书在版编目（ＣＩＰ）数据

古邑藏珍：四会市可移动文物图录 / 四会市博物馆
主编 .—长春：吉林大学出版社，2019.1
ISBN 978-7-5692-4093-1

Ⅰ . ①古… Ⅱ . ①四… Ⅲ . ①文物 – 四会 – 图录
Ⅳ . ① K872.654.2

中国版本图书馆 CIP 数据核字 (2019) 第 005676 号

书　　名	古邑藏珍——四会市可移动文物图录
	GU YI CANG ZHEN——SIHUI SHI KEYIDONG WENWU TULU
作　　者	四会市博物馆　主编
策划编辑	赵雪君
责任编辑	杨　平
责任校对	赵雪君
装帧设计	余思琪
出版发行	吉林大学出版社
社　　址	长春市人民大街 4059 号
邮政编码	130021
发行电话	0431-89580028/29/21
网　　址	http://www.jlup.com.cn
电子邮箱	jdcbs@jlu.edu.cn
印　　刷	广州星河印刷科技有限公司
开　　本	787mm×1092mm　1/16
印　　张	15
字　　数	200 千字
版　　次	2019 年 1 月　第 1 版
印　　次	2019 年 1 月　第 1 次
书　　号	ISBN 978-7-5692-4093-1
定　　价	90.00 元

编委会

概　述

　　四会市地处广东省中部偏西、肇庆市东部，全市总面积1163平方公里（未含大旺，下同），总人口43万，是中国柑橘之乡、中国玉器之乡、中国最具投资潜力中小城市100强、全国文明城市、广东省卫生城市、广东省著名侨乡。四会古为百越地，公元前214年，秦代始置四会县，属桂林郡。四会是有着2200多年历史的岭南最古老的县份之一。相传因县境为四水汇流之地，故名"四会"，县名自秦肇始一直沿用至今。在历史的长河中，勤劳、智慧的四会人生生不息、不断探索、不停地追求，创造了丰富的物质和财富，留下了弥足珍贵的文物遗产。这些文化遗产是四会人民智慧的结晶，彰显着厚重的人文精神和鲜明的地方特色。其中有三台四塔、宝林古寺、宝胜古寺等物质文化遗产，还有古法造纸、四会民歌、贞仙诞、佛爷诞等非物质文化遗产。四会人历来有尊重历史，崇尚文化的传统，十分重视历史文化遗产的保护工作。

　　为了全面掌握我市文物资源，加强我市文物保护管理水平，完善可移动文物的信息数据，提高文物利用效率，推进四会市公共文化服务体系建设，根据上级部门的工作部署和要求，结合我市实际，我市从2013年12月到2016年12月开展第一次全国可移动文物普查工作。为此成立普查领导小组，设立普查机构，制定工作方案，建立普查工作制度，并进行广泛宣传，确保了普查工作的顺利开展和完成。在2016年4月，广东省普查办专家组对我市752件（套）文物数据进行审核验收，合格率100%，顺利通过专家组验收。随后我市着手编写普查工作报告和《古邑藏珍——四会市可移动文物图录》。此外为了让全社会共享第一次全国可移动文物普查成果，四会博物馆举办《古邑藏珍——四会市全国第一次可移动文物普查成果展》。

　　我市普查工作取得了显著的成效，收获了丰硕的成果。全面掌握了全市国有可移动文物的文物数量、保存状况、文物种类和文物级别，为以后制定相关的保护措施提供了可靠依据。

　　通过普查我市国有收藏单位5个，可移动文物2080件/（套），最终登录平台共登录752件/（套）。在登录的文物中，其中完整为100件/（套），占普查总登记数量的13.3%；基本完整为562件/（套），占普查总登记数量的74.7%；残缺为83件/（套），占普查总登记数量的11%；严重残缺为7件/（套），占普查总登记数量的0.9%。其中涉及陶瓷器、竹木雕等24个文物类别，陶瓷质、金属质等7个材质类别，陶瓷器303件/套，铜器27件/套，古籍图书14件/套。在全部国有可移动文物中，二级文物2件/套，三级文物119件/套，未定级631件/套。我市收藏的文物年代从旧石器到中华人民共和国，反映了四会历史文化的源远流长，可移动文物时代脉络清晰，有着较为鲜明的时代连续性。

　　通过普查全面建立了全市国有可移动文物档案，为可移动文物信息化数据管理的基础。

通过本次普查工作，四会市博物馆进一步完善了藏品账目及可移动文物档案信息，健全了《四会市博物馆文物藏品文物清单目录》等档案。此外，包括市公安局、市水务局、市档案局等3家国有文物收藏单位新建了藏品账目及档案，建立了藏品账目清单。

通过普查，我市进一步完善了相关制度和规范，保障了可移动文物的安全，提高了本市可移动文物的管理水平，为今后更好地保护可移动文物提供了良好的制度保障。

通过普查，我市总体上掌握了国有单位可移动文物的收藏情况，建立了文物藏品账目和档案，将可移动文物保护范围进一步扩大，基本实现了可移动文物的标准化、动态化和规范化管理。

《古邑藏珍——四会市可移动文物图录》作为普查的成果之一，收录了文物藏品248件/套，包括21个类别分别是：玉石器类、陶器类、瓷器类、铜器类、金银器类、雕塑类、造像类、石器类、石刻类、砖瓦类类、书法类、绘画类、文具类、玺印符牌类、钱币类、古籍类、图书类、武器类、文件类、宣传品类、档案文书类、名人遗物类、乐器类、法器类、皮革类、度量衡器类和其他类。其中收录瓷器类数量最多，为104件/套；陶器类次之，为31件/套；而石器类、石刻类、砖瓦类以22件/套居第三。图录收录藏品种类丰富，时代连续性强。从中可以看到四会的历史脉络。

"战国靴形钺""战国青铜鼎""战国青铜剑"等具有百越民族特征的文物，反映了百越先民在本地区开发初具规模，已经具有国家形态的一些特征。"汉宴乐战斗场景双铺首衔环铜壶""唐生肖砖雕""宋青釉模贴供养人带盖陶坛""元'延祐元年'铭青铜权""明'太平都砖'城砖"等文物，则见证了四会自秦代建县以来，受中原文化影响下，具有四会特点的地方文化。民国铜质"广东广宁县农民协会会员证章"民国"广东省农民协会修正章程"民国"国医彭泽民先生匾"铜牌匾等近代文物，则见证了近代四会人民勇于斗争，极具革命精神，爱国爱家的精神风貌。

在一定程度上文物内在的精神实质是本地区人民精神风貌的反映。这种精神实质像指路明灯，指引着一代代四会人成长、将爱国爱家、勤劳勇敢、艰苦奋斗融入当代四会人血液中。

文物是一个民族的宝贵财富。让文物活起来，目的是使之成为本市经济社会发展的重要助推器。为此我们要基于普查工作及数据，进一步做好可移动文物保护和利用工作；加强收藏单位的文物保护，进一步完善文物账目和档案，改善文物保存环境；我们要向社会提供更多的免费或优惠公共文化服务，面向社会平等开放文物资源，使社会能共享可移动文物保护成果。我们要积极推动和探索文物在教育、旅游、乡村振兴等方面的作用，加强对文物的保护和开发利用。谱写好四会市经济发展、社会进步与文物保护、文明传承交相辉映的美好篇章。

目　录

三、瓷器　33

四、铜器　121

八、石器、石刻、砖瓦 155

一、玉石器、宝石

清白玉龙纹带钩

通长 9.6cm，通宽 1.9 cm，高 2 cm

身作琵琶形，钩首平整，雕琢龙头，龙颈较宽阔，龙身作花样装饰。

清镂雕福寿纹白玉转心玉佩

直径 4.8 cm，厚 0.6 cm

圆形片状，中间为镂空转心，内圈平滑，接一圈不
规则形状镂雕，外圈饰福寿纹。

清镂雕花鸟纹青白玉佩

直径 5.5 cm，厚 0.5 cm

白玉透青。中间雕两荷叶相对，一鸟立于荷叶上，
外雕一圈花叶纹。

二、陶器

新石器时代马家窑文化彩绘几何纹双耳陶罐

口径 9.5 cm，通宽 36 cm，底径 11.5 cm，高 35.5 cm

直口，短颈，丰肩鼓腹，下腹部斜收，小平底，腹部两侧双耳
用泥条捏制。口内外壁均有纹饰，肩部及上腹部绘四个等分的
网格树叶圈纹，圈纹下绘水波纹，下腹部无纹饰。

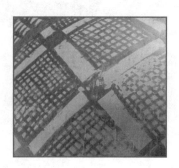

新石器时代彩绘网格纹双系陶罐

通宽 16cm，通高 11.5cm

侈口，束颈，溜肩，鼓腹，平底。口至肩部塑双鋬耳。用红黑彩绘纹饰，口沿内及鋬耳绘黑片纹，口沿外至腹部彩绘网格纹。

新石器时代斜方格纹双系彩陶罐

通宽 12.3 cm，通高 10 cm

侈口，圆唇，束颈，溜肩，鼓腹，平底。口至肩部塑双鋬耳。口内壁饰一周黑彩，用红彩绘一周波浪纹，环耳绘两条黑宽带纹，腰部及其上施黑色彩绘，腰部为变形方格纹，颈部饰以斜线纹、方格纹。

新石器时代弦纹双系彩陶罐

通宽 10.1 cm，通高 9 cm

侈口，束颈，溜肩，鼓腹，平底。口至肩部塑双錾耳。腰部以上红彩为地，黑彩描绘纹饰。口沿内为条纹，肩部以上饰多条弦纹，环耳、腰部为折线纹。

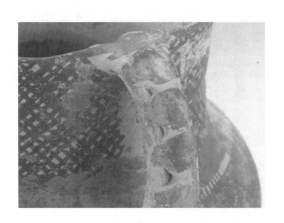

新石器时代彩绘网格纹双系陶罐

通宽 14.3 cm，通高 11.7 cm

侈口，束颈，溜肩，鼓腹，平底。口至肩部塑双錾耳。腰部及其上施黑色彩绘，颈部为网格纹，环耳饰附加堆纹，肩部为一周栉齿纹。

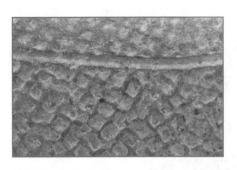

战国方格纹陶罐

通宽 21 cm，通高 21 cm

侈口，方唇，短颈，溜肩，弧腹下收，平底。
器身饰方格纹。

战国米字印纹陶罐

通宽 17 cm，通高 11.5 cm

侈口，尖唇，短颈，溜肩，深腹，下收平底。
器身施米字纹。

汉绿釉陶碟

口径 12.3 cm，通高 2 cm

敞口，平沿，浅腹斜收，平底。碟内有凸棱两周。器身施绿釉。

汉绿釉陶耳杯

通长 14.6cm，通宽 11cm，通高 4cm

椭圆形，双耳置于两侧，平底。通体施绿釉，局部脱落。

汉绿釉陶耳杯

通长 10.5cm，通宽 8.7cm，通高 3.3cm

椭圆形，双耳置于两侧，平底。通体施绿釉，多处脱落。

汉素胎双系直身陶盖罐

口径 14 cm，底径 14 cm，通高 17.5 cm

直口，溜肩，深腹，直身，平底。盖顶近平，
有桥形纽。腹部对称二横耳，残损。肩部有
二道凹弦纹。腹部二周弦纹。

汉青釉陶熏炉

口径 17 cm，通宽 17 cm，

底径 8 cm，高 13 cm

灰褐陶。缺盖。子口内敛，口、座缺损。器
足与盘座相连，平底，足下有三孔。盘座折
深腹，沿外翻，上腹内束，下腹缓收，饼足。
施青釉，已脱落。

◀◀

东汉青釉弦纹双耳三足陶鼎

口径 13.5 cm，通宽 22 cm，

底径 9 cm，高 14 cm

缺盖。敛口，口缺损，深腹，圜平底，
下接三足，足端外撇。鼎耳和一足残损。
施青釉，多脱落。

►►

东汉青釉陶钵

口径 16 cm，底径 8.5 cm，高 6 cm

敞口，尖唇，深腹，上腹内束，下腹缓收，平底。
素面。璧形足。施青釉，多脱落。

◄◄

东汉青釉弦纹陶釜

口径 10 cm，通宽 18 cm，底径 14 cm，高 21 cm

褐陶。口略盘，残损。高颈内束，斜肩，上有龙形执把。
扁圆垂腹，平底，下接三蹄足。腹部二周弦纹。通体
施青釉，大部分已脱落。

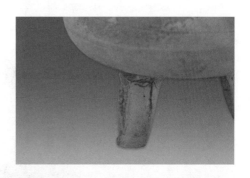

东汉青釉四系陶罐

口径 8 cm，通宽 16 cm，底径 10.5 cm，高 12 cm

侈口，短颈，圆肩，鼓腹，平底。肩部有二道凹弦纹，连接四系。施青釉，大部分已脱落。

东汉素胎三孔陶灶

通长 21.5 cm，通宽 12.5 cm，通高 11 cm

灰褐色。长方形，灶面三孔，素胎。灶尾部
龙首弓形，灶门圆拱形，灶面刻画三横三纵
双线纹，灶身两边刻双线纹。

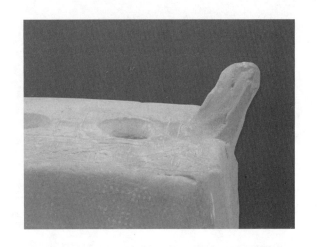

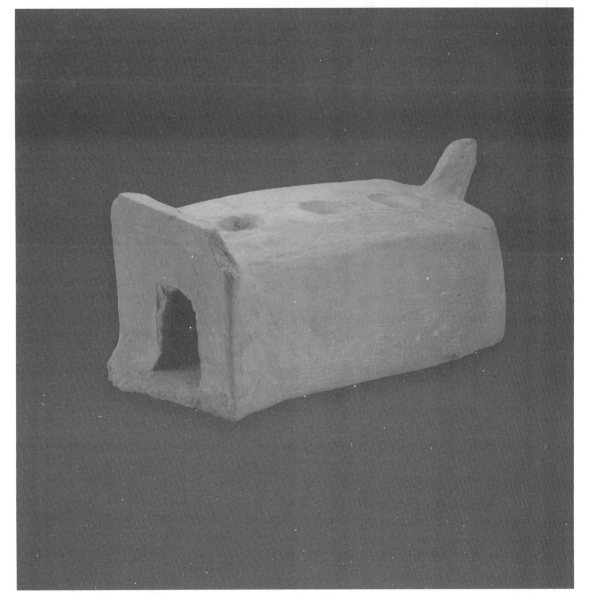

东汉绿釉瑞兽纹陶罐

通宽 14.5cm，高 12.5cm

直口，圆唇，溜肩，鼓腹下收，平底。肩施绿釉，饰瑞兽纹，下缠一圈凹弦纹。底露出红胎。

东汉黄绿釉瑞兽纹陶壶

通宽 24.5 cm，通高 31.8 cm

侈口，束颈，溜肩，鼓腹，腹部渐收至底，圈足。颈部有一周弦纹，肩部两周弦纹内模印瑞兽纹和双铺首。施绿釉，釉质绿中泛黄。

南朝青釉小陶钵

口径 7.5 cm，底径 3.5 cm，高 3 cm

敛口，圆唇，沿外一道凹弦纹，深腹，缓收平底。素面。施青釉，已脱落。

◀◀

南朝青釉小陶钵

口径 8 cm，底径 4 cm，高 2.5 cm

敛口，圆唇，深腹，缓收平底。素面。施青釉，已脱落。

▶▶

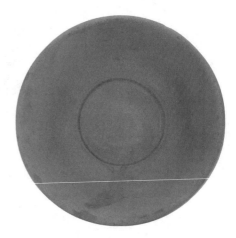

南朝青釉小陶罐

通宽 7.2cm，高 7.1cm

侈口，圆唇，溜肩，鼓腹斜向下收，平底。施青釉不及底。

唐青釉堆塑人物陶瓶

口径 9.5 cm，通宽 15.5 cm，通高 22.2 cm

直口，短颈，溜肩，弧腹，平底，施青釉，多脱落。颈部饰四个女子舞蹈像，腹上部饰六个男子持乐器像，腹下部素面。

唐青釉四系陶罐

口径 9 cm，通宽 15 cm，

底径 12 cm，高 17 cm

侈口，平沿，束颈，溜肩，弧收深腹，平底。
肩有四系。通体施青釉，部分已脱落。

宋青釉模贴供养人带盖陶坛

口径 7 cm，通宽 23 cm，

底径 13.5 cm，通高 48 cm

直口，溜肩，肩上模贴围栏，饰供养人像，四侧各有一印章状龙纹图案。器身模贴三周波浪纹。塔形坛盖，覆于坛口上。通体施青釉，多脱落。

宋青釉模贴供养人陶坛

通宽 23 cm，口径 7 cm，

底径 13.5 cm，高 38 cm

直口，缺盖，肩上模贴围栏，饰供养人像，多有残损。四侧各有一印章状狮纹图案。器身模贴四周波浪形纹。通体施青釉，多脱落。

明绿釉印花纹花瓣口陶碟

口径 11.3 cm，通高 2.2 cm

口作花瓣状，平沿，浅腹，平底，圈足。口沿饰一周波浪
纹和叶脉纹，内壁饰回纹组成的变形莲瓣纹。施绿釉。

清石湾窑绿釉双铺首圈足炉

口径 33.2 cm，通宽 34.5 cm，高 17.2 cm

直口圆唇，沿外折，短颈，溜肩弧腹，平底，圈足外撇。外壁施绿釉，呈窑变杂色，肩腹部饰对称双铺首。器物硕大，凝重大方。

清石湾窑红绿釉长颈陶瓶

口径 4.3 cm，通宽 13 cm，高 22 cm

平口，长颈，溜肩，鼓腹，圈足。施红绿
窑变釉，瓶口有褐斑，颈部和上腹部呈釉
里黄，釉质近似木纹。

清青釉锦地纹紫砂陶蒜头瓶

口径 1.5 cm，通宽 6.4 cm，

底径 4 cm，高 11.5 cm

直口，细长颈，溜肩，鼓腹，假圈足。瓶口形似蒜头。
施青釉，饰锦地纹。

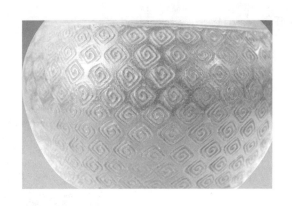

民国绿釉"四会天香园"陶花盆

口径 33 cm，底径 19 cm，高 25 cm

敞口，沿外翻，弧腹内收，深腹，高圈足，底露胎。腹饰瓜棱纹。外壁施青釉，釉层较厚，腹部凸起蓝彩楷书"四会天香园"，字迹清晰工整。

三、瓷器

唐青釉四系瓷罐

通宽 25cm，口径 10.4cm，

底径 15.4cm，高 22cm

圆唇，侈口内敛，短颈，弧肩，鼓圆腹，肩部有四个等距横耳。罐身光滑，通体施青釉。

▶▶

五代青釉双系小瓷罐

腹径 7.8cm，高 6cm

直口，短颈，双竖耳，圆肩，鼓腹，饼足。施青釉，外腹青釉不及底，底部露胎。

◀◀

宋龙泉釉莲瓣纹瓷碗

口径 16.5cm，高 5cm

敞口，弧腹，圈足。内外施绿釉，外壁
印饰莲瓣纹，光泽含蓄，有开片纹。

宋建窑兔毫釉瓷盏

口径 11.5cm，通高 6cm

敞口，斜弧腹，饼足。内壁及外壁上腹部施兔毫釉，近底处露胎。

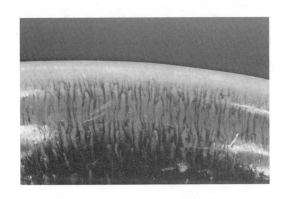

宋建窑黑釉瓷盏

口径 10.4cm，高 4.8cm

敞口，斜曲腹，小圈足，挖足浅。内外皆施黑釉，外壁黑釉不及底，内外均有泪痕状褐色结晶。口沿及圈足露胎，呈红褐色。

宋建窑黑釉瓷盏

口径 10.1cm，高 4.7cm

敞口，斜曲腹，小圈足，挖足浅。外腹上半部施黑釉，下半部露胎。内施黑釉，口沿呈褐色。

宋吉州窑黑釉瓷盏

口径 10cm，高 4.4cm

敞口，斜腹，下腹急收，饼足。内外施黑釉，外壁施釉不及底，釉面开片纹，外底露胎。

宋吉州窑黑釉瓷盏

口径 9.8cm，高 4.8cm

敞口，斜腹，下腹急收，饼足。内外施黑釉，外壁施釉不及底，釉面开片纹，外底露胎。

宋酱黄釉瓷壶

口径 10.8cm，腹径 16cm，通高 8.2cm

敛口，斜沿内收，溜肩，鼓腹略垂，平底。一侧上腹部置弧形管状流，与流
相对的一边置执把。施黄釉不到底，腹部饰弦纹，釉面开细小冰裂纹。缺盖。

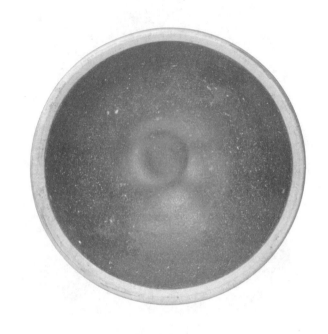

宋黑釉瓷盏

口径 10.5cm，高 5cm

敞口，斜腹，圈足。内外腹施黑釉，外腹施釉不及底，口沿及下腹露胎。

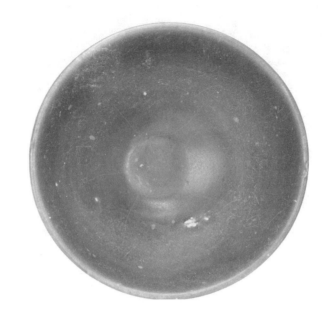

宋酱釉瓷盏

口径 10cm，高 5cm

敞口，斜腹，圈足。内外腹施酱釉，外腹施釉不及底，下腹露胎。

宋酱釉瓷盏

口径 11cm，高 6.2cm

敞口，斜腹，圈足。口沿施白釉，内外腹施酱釉。外腹施釉不及底，下腹露胎。

宋青白釉刻花纹瓷碗

口径 17cm，高 6cm

敞口，斜腹下收，浅圈足。通体施青白釉，开细小冰裂纹，内腹刻花纹。
底露胎。

宋青白釉堆塑人物带盖瓷瓶

通宽 10.1cm，通高 40cm

小口，配鸟形盖钮。长颈，长身，深腹，圈足外撇。通体施青白釉，开细小冰裂纹。颈口一圈波浪纹，颈部绕蟠龙祥云纹，周边饰一圈供养人。瓶身局部釉色脱落。

宋青白釉堆塑人物龙凤纹瓷瓶

通宽 18cm，口径 8.5 cm，底径 11 cm，高 91cm

小口，配鸟形盖钮。长颈，长身深腹，圈足外撇。盖钮鸟首上昂，下部贴塑祥云图像。瓶颈上部堆塑龙凤、祥云、走兽、供养人等纹饰，下部贴塑一圈供养人。

宋青白釉堆塑人物龙凤纹瓷瓶

通宽 18cm，口径 8.5 cm，

底径 10.5 cm，高 89cm

小口，配鸟形盖钮。长颈，长身深腹，圈足外撇。盖钮鸟首下俯，下部贴塑祥云图像。瓶颈上部堆塑龙凤、祥云、走兽、供养人等纹饰，下部贴塑一圈供养人。

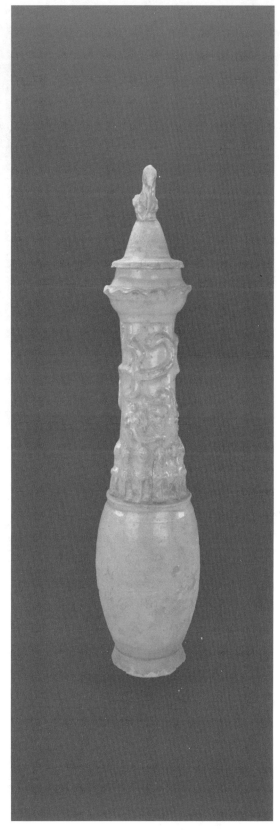

宋青白釉堆塑人物带盖瓷瓶

通宽 10.2cm，通高 40cm

小口，配鸟形盖钮。长颈，长身，深腹，圈足外撇。
通体施青白釉，开细小冰裂纹。颈口一圈波浪纹，颈
部绕蟠龙祥云纹，周边饰一圈供养人。瓶身青釉部分
脱色，口沿及足部破损，瓶身人物塑像有划损。

宋青白釉堆塑人物瓷瓶

通宽 13cm，高 39cm

盂形口，长颈，长身，深腹，圈足外撇。通体施青白釉，开细小冰裂纹。颈口堆塑有青龙、玄武，孩童，间饰朵云，颈腹边饰一圈供养人。瓶身局部釉色剥落。

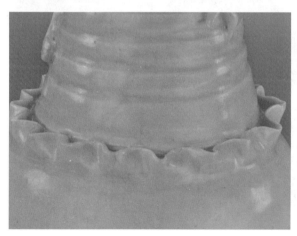

宋青白釉堆塑蟠螭纹带盖瓷瓶

通宽 13.2cm，通高 41.8cm

盂形口，配鸟塔形盖钮。长颈，长身，鼓腹，圈足外撇。盖钮及颈饰螺旋纹。通体施青白釉，颈缠蟠螭纹，肩部一周手捏水波纹。瓶身蟠龙雕塑图案，略有破损。

金紫金釉酱彩瓷碗

口径 18cm，高 7cm

敞口，弧腹下收，圈足。通体施紫金釉，内壁饰花瓣五片，外壁紫
金釉呈自然下垂状。足底露胎。

南宋龙泉釉莲瓣纹小瓷碗

口径 10.5cm，高 3.6cm

敞口，圆唇，沿略外展，弧腹，圈足。通体施青釉，外腹以莲瓣纹装饰，足露胎。

南宋青白釉印花双鱼瓷碟

口径 11.2cm，高 2.1cm

敞口，斜腹下收，平底。通体施青白釉，内壁绘波浪纹、鱼纹，
内底绘荷池双鱼图，意趣盎然。

南宋青釉乳丁小瓷罐

腹径 8.4cm，高 6.5cm

直口，平沿外展，短颈，溜肩，鼓腹，饼足。施青釉不及底，开冰裂纹。
颈上一圈弦纹，肩部饰一圈乳丁纹。

元青釉瓷瓶

腹径 13cm，高 22.2cm

直口，圆唇外翻，短颈，溜肩，长身，鼓腹下收，平底。施青釉，瓶身刻弦纹及"王"字。底部露胎。

元龙泉窑青釉小瓷罐

腹径 6.2cm，高 5.2cm

直口，敛唇，短颈，溜肩，鼓腹下收，圈足。施青釉，釉面细腻光滑，内外底露胎。

◀◀

元黄釉小瓷盖罐

腹径 6.4cm，通高 6cm

直口，伞形盖。短颈，溜肩，鼓腹斜向下收，
圈足。通体施黄釉，开冰裂纹，线条圆润
流畅。底露胎。

►►

元青白釉塔形瓷盖罐

腹径 7.3cm，通高 9cm

直口，短颈，溜肩，鼓腹下收，圈足外撇。
塔形盖，饰螺旋纹。施青白釉，开细小冰
裂纹，下腹部至底露胎。

◄◄

明"大明宣德年制"款青花凤穿牡丹纹大碗

口径20cm，底径9cm，高9.5cm

敞口，斜弧腹，圈足。碗内底绘青花凤穿花卉图，外壁绘青花四凤穿花卉纹饰图案，口沿和足部均描青花双弦纹。外底青花楷书"大明宣德年制"双竖行六字年款。

明青釉"寿"字瓷盘

口径 24.5cm，底径 12.5cm，高 5cm

敞口，折沿，浅弧腹，圈足。内外施青釉，盘内阴刻"寿"字，沿内一圈凹下。

明青花"福如东海"盖罐

口径 6cm，腹径 12cm，高 13cm

侈口，折沿，直颈、溜肩，斜收深腹，圈
足。白地罐身以青花技艺沿四周绘"福如
东海"四字。罐身圆润，盖近平。罐底及
盖分别写有青花"寿"字。

明青釉开片纹瓷罐

腹径 15.6cm，高 17.1cm

口微敛，短颈，折肩，斜弧腹，浅圈足。外施青釉，开片纹。口沿及底露胎。

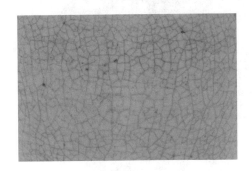

明蓝地白花云鹤纹瓷盖罐

口径 8.5cm，底径 10cm，腹径 18cm，通高 25.5cm

侈口，斜肩，鼓腹，平底，假圈足。罐身绘蓝底白花云鹤纹，罐盖作将军帽式，施蓝釉。

明龙泉釉小瓷罐

腹径 7.8cm，高 6cm

侈口，敛唇，短颈，溜肩，鼓腹下束收，圈足。施青釉，口、足露胎。

◄◄

明酱黄釉小瓷瓶

腹径 4.2cm，高 9cm

喇叭口，平沿，直颈，圆肩，折腹，下斜收，台形平底。施酱黄釉。口沿内有釉，瓶内无釉。肩及底部各饰一周黑色弦纹。

明青釉开片纹瓷瓶

腹径 14cm，高 32cm

侈口，直颈，溜肩，长身，深弧腹渐收至底，圈足外撇。通体施青釉，釉面开片纹，足露胎。口沿有一经修补的痕迹，微损。

◄◄

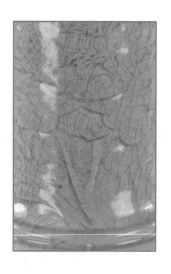

明青釉刻花瓷瓶

腹径21cm，高47cm

直口微敞，长直颈，溜肩，鼓腹，圈足外撇。通体施青釉，刻花，下部刻竖纹，通体开冰裂纹。口、足露胎。

明青釉瓷盖罐

腹径 7.6cm，通高 9.2cm

直口，短颈，溜肩，鼓腹渐收，圈足。
圆盖，顶微凸，内有旋痕。施青釉，
釉面光滑细腻，口及足露胎。

明青白釉瓷罐

腹径 18.5cm，高 23cm

直口，圆唇外翻，短颈，溜肩，深弧
腹下收，浅圈足外撇。施青白釉，釉
质细腻。底露胎。

明龙泉窑青釉开片暗格纹花瓶

腹径 17.5cm，高 34.6cm

敛口，丰肩，长身，深斜腹，下端微束，浅圈足外撇。施青釉，开片暗格纹，肩及腹下部刻双圈弦纹。口沿及底露胎。

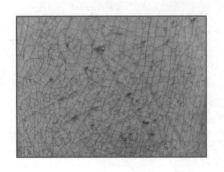

明德化窑白釉八角杯

长径 9.6cm，短径 7cm，通高 5.8cm

敞口，八角，腹束收，平底接四蹄足。
内外施白釉，外腹阴刻"醒在花间坐"。

明德化窑白釉八角杯

通宽 11.7cm，高 7cm

敞口，八角，腹微束渐收，平底接四蹄足。
内外施白釉。

明青绿釉小杯

口径 7.3cm，高 3.5cm

圆唇，直口，沿微外折；弧腹，平底，卧足。内外施青绿釉，
釉色光亮。

明青釉印菊瓣纹瓷盘

口径 26cm，底径 11cm，高 5.5cm

敞口，折沿，浅弧腹，圈足。内外施青釉，盘内阴刻"龙"字纹饰，外壁光滑，内壁刻画菊瓣纹。

明青釉菊瓣纹瓷盘

口径 27.5cm，底径 11cm，高 5cm

敞口，折沿，浅弧腹，小圈足。内外施青釉，外壁光滑，内壁刻画
菊瓣纹。

明青釉弦纹三足瓷炉

口径 16.5cm，高 9.8cm

敞口，折沿，筒式腹，逐渐下收，璧形底，接方形三足。

内外施青釉，腹外有刻花纹及两圈弦纹，足下半部露胎。

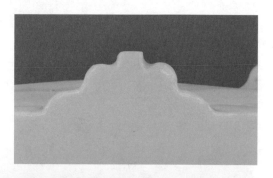

明德化窑三足直身炉

口径 10.9cm，高 9cm

平口，直身，筒腹，平底接如意三足。器内外施白
釉，釉质玉润。

明青釉暗花三足瓷炉

口径 25.5cm，高 11cm

敞口，平沿，凸唇，束颈，折肩，弧腹下收，
下接兽形三足。施青釉，内外底露胎。颈饰
波浪纹，腹部饰菱格暗花纹。

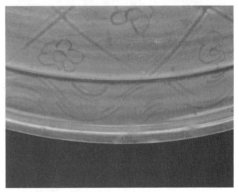

明青釉划花三足瓷炉

口径 29.6cm，高 11.7cm

器略变形。直口，平沿，弧腹下收，下接三兽蹄足。腹部有三周凸弦纹，饰划花纹。通体施青釉，内外底露胎，外底中心施白釉。炉底中部有一经修补的显著裂纹，口沿微损。

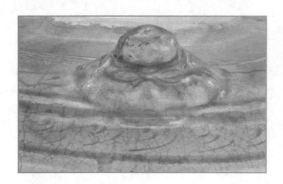

明青釉菊瓣纹瓷碗

口径 13.8cm，高 5.8cm

敞口，斜腹，圈足。通体施青釉，饰菊瓣纹，足底露胎。

明龙泉釉刻花花瓣口瓷盘

口径 23.3cm，高 4.5cm

敞口，弧腹，圈足。施青釉，花瓣口，
内刻花纹，外饰莲瓣纹。底露胎，底
部中心施一周青釉。

明青釉小瓷碗

腹径 7cm，高 2.7cm

敞口，斜腹下收，饼足。通体施青釉，开片纹，底露胎。

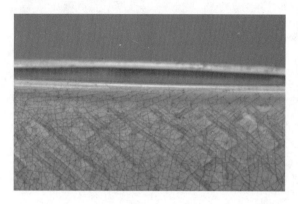
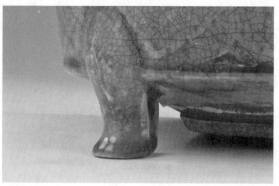

明龙泉窑青釉暗花方格纹三足炉

通宽 24cm，高 19.5cm

直口，平沿，直身，假圈足，下附三兽足。内外施青釉，刻暗花方格纹，兽足浑厚有力。内底及圈足露胎。

明酱釉狮子形瓷烛台

通长 5.3cm，通宽 5.2cm，通高 10.8cm

器呈狮形，仰首半蹲于四方台上。眼珠微凸，龇嘴，右前足踏一圆球。毛发清晰，细节考究。体型健硕，做工精美。狮身右后方设一圆筒，用于放置蜡烛。通体施酱釉，方座底镂空，露胎。

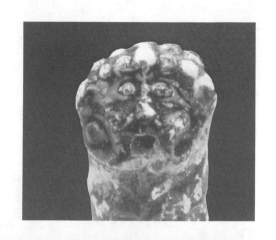

明酱釉狮子形瓷烛台

边长 5.7cm，通高 11cm

器呈狮形，仰首半蹲于四方台上。眼珠微凸，张嘴，右前足踏一圆球。毛发清晰，体型修长，细节考究。狮身右后方设一圆筒，用于放置蜡烛。通体施酱釉，方座底镂空，露胎。

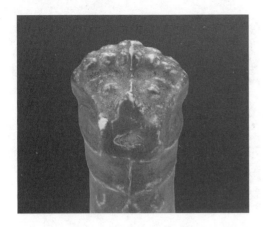

明酱釉狮子形瓷烛台

边长 5.3cm，，通高 11.2cm

器呈狮形，仰首半蹲于四方台上。眼珠微凸，高鼻，张嘴。体型修长，双前足微向外撇，毛发抽象。狮身右后方设一圆筒，用于放置蜡烛。通体施酱釉，方座底镂空，露胎。

明白釉狮子形瓷烛台

边长5.6cm，通高12.5cm

器呈狮形，仰首半蹲于四方台上。眼珠微凸，龇嘴，右
前足踏一圆球。颈缠璎珞，毛发清晰，细节考究。狮身
右后方设一圆筒，用于放置蜡烛。通体施白釉，方座底
镂空，露胎。

清"大清乾隆年制"款红釉描金地石榴开光粉彩花鸟纹瓷碟

口径 15.2cm, 高 2.8cm

敞口，浅腹，圈足，口沿饰一周金线，内壁近口沿处施祭红釉，饰一周花开富贵花卉图案，中间石榴形开光，粉彩花卉图案。外壁两侧饰祭红色花草纹。外底有青花篆书"大清乾隆年制"双行六字年款。

清"大清乾隆年制"款红釉梅花开光粉彩花卉纹碟

口径 15.2cm, 高 2.8cm

敞口,浅腹,圈足。口沿及足部各以一周金线饰边,内壁近口沿处施祭红釉,饰三幅"福在眼前"描金花卉图案。内底饰白地梅花形开光粉彩花卉图案。外壁两侧饰祭红色花草纹。外底有青花篆书"大清乾隆年制"双行六字年款。

清"大清乾隆年制"款祭红盘

口径 16.8cm，高 3.5cm

敞口，浅腹，平底，圈足。内外壁光滑，施祭红釉，口沿和足底露胎，外底施白釉。有青花篆书"大清乾隆年制"双行六字年款。

清"大清乾隆年制"款豆青釉盘

口径 16.9cm, 高 3.3cm

敞口,浅腹,平底,圈足。盘内外光滑无纹,施豆青釉,釉色玉润。
外底有青花篆书"大清乾隆年制"双行六字年款。

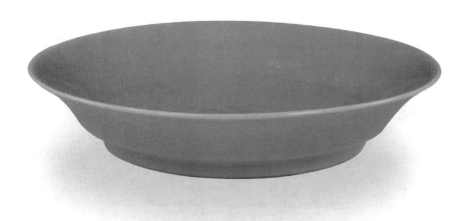

清"大清乾隆年制"款黄地粉彩花卉纹碟

口径 15.7cm，高 2.8cm

敞口，浅腹，平底，圈足。口沿饰金边，内壁施黄釉，饰锦地纹及粉彩折枝花卉纹，外壁施白釉，饰粉彩竹叶纹。外底有青花篆书"大清乾隆年制"双行六字年款。

清"大清乾隆年制"款蓝釉描金云龙纹瓷碗

口径 18cm，底径 7cm，高 8cm

　敞口，深腹，圈足。外壁施蓝釉，内壁施白釉，口沿及近沿处饰两条描金弦纹，器腹以描金手法饰祥云及四爪金龙纹，足露胎。底部有青花篆书"大清乾隆年制"双行六字年款。

清"大清乾隆年制"款蓝釉轧道粉彩皮球纹瓷碗

口径 11.5cm，高 6cm

敞口，口沿微外展，弧腹，圈足。内壁白釉，口沿饰金边，外壁
以轧道技法饰蓝底锦地纹，釉上饰粉彩双皮球纹。外底有青花篆
书"大清乾隆年制"双行六字年款。

清仿"成化年制"款豆青缠枝花卉纹大瓷碗

口径 20.5cm，高 11cm

敞口，圆唇外展，深弧腹，圈足。通体施豆青釉，腹绘缠枝花卉纹，足露胎。外底"成化年制"四字两行楷书款。

清仿"大明嘉靖年制"款青花狮纹碗

口径 17.7cm，高 6.3cm

敞口，斜腹下收，圈足。口沿内一圈青花如意云纹，底部双圈内饰折枝菱花
纹。外腹饰青花狮纹，配折枝菱花纹。外底画青花双圈款，落"大明嘉靖年制"
六字两列楷书款。

清青花"万古长春"开片纹瓷罐

腹径 26cm，高 21.5cm

直口方唇，丰肩，鼓腹斜收，圈足微外撇。肩部饰梯形弦纹两圈，腹部四面
绘青花"万古长春"字样，中间绕一圈弦纹，圈足上部饰一圈凸弦纹。釉作
开片纹，圈足露胎。

清"元社"款青花过墙龙纹瓷碗

口径 17.5cm，高 7.5cm

敞口微折，弧腹下收，圈足。内外绘青花过墙龙纹，以云纹饰之。
龙矫健有力，气势豪迈。底有"元社"款。

青绿釉褐彩卷草地开光矾红竹纹瓷碗

口径 9.3cm，高 5cm

敞口，斜腹，圈足。口沿施金边，内施白釉，外腹施绿釉，饰褐彩卷草地纹，三个开光处饰矾红竹纹，底有青花押款。

清青花花卉纹盖罐

腹径 18cm，高 20cm

敛口，短颈，丰肩，弧腹下收，平底。圆柱形盖，平顶，通体绘以青花。盖外壁饰如意纹，顶饰折枝梅菊纹。肩饰如意纹，腹饰折枝梅菊纹和变体"寿"字纹，下部饰变体莲纹。青花通透，浓淡适宜。底画青花双圈款，口沿及足端露胎。

清青花寿字纹盘

口径 20.3cm，高 4.5cm

敞口，弧腹，圈足。内外壁各饰三圈青花变体寿字纹，内底一青花寿字纹。外壁上下饰弦纹。足底露胎。

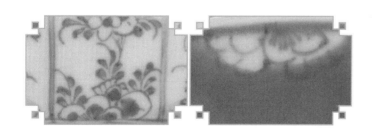

清青花花篮纹盘

口径 20.6cm，高 3cm

敞口，斜腹，微折腰，浅圈足。口饰金边，内饰一圈青花底花纹，底部双圈饰花篮纹，外饰变体草纹，底画青花双圈款。

清青花折枝花卉纹碗

口径 11.4cm，高 5.6cm

敞口，弧腹下收，圈足。口沿内及内底画双圈青花弦纹，
外腹饰青花折枝花卉纹，底画青花双圈款。口沿及足露胎。

清青花缠枝花卉纹碗

口径 15cm，高 7.8cm

敞口，深弧腹，圈足。口沿施金边，内沿及底部饰青花花卉纹。外腹饰青花缠枝花卉纹。圈足缠双圈青花弦纹，底部圈内落双鱼款。

清青釉开片纹小瓷碗

口径 11.5cm, 底径 4cm，高 5.5cm

直口，唇沿外折，鼓腹，圈足。通体施青釉，呈开片纹，
釉质玉润透亮，圈足露出白色瓷胎。

清青花过墙龙纹碗

口径 15.6cm，高 7cm

直口，圆唇，弧腹，圈足。施白釉，饰青花过墙云龙纹，龙纹翻过口沿延伸至内壁，龙头部在碗内壁，龙身在碗外壁，祥云龙纹栩栩如生。

清青釉双绳耳三足瓷炉

口径 10.6cm，腹径 12.6cm，通高 8.2cm

直口，圆唇，溜肩，鼓腹，双绳纹耳，下承三蹄足。
外壁施青釉，内壁露出白色瓷胎；器表光亮无纹。

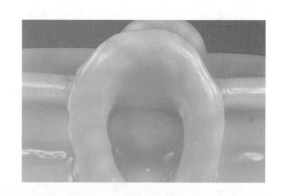

清仿哥釉三足瓷炉

口径 20cm，腹径 25cm，通高 12cm

敛口，鼓腹，平底接三空心柱形矮足。
内外施豆青釉，饰开片纹。

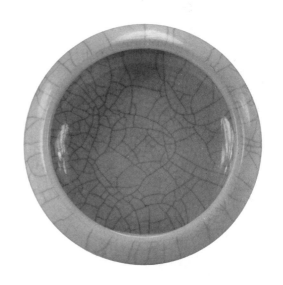

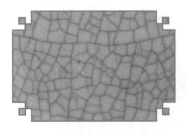

清青釉开片纹灯笼瓷瓶

口径 9cm，腹径 13.5cm，通高 24cm

器作灯笼形。圆唇，口沿外折，直颈，
溜肩，缓收深腹，下腹略束，平底。
施青釉，饰开片纹，瓶身线条流畅。

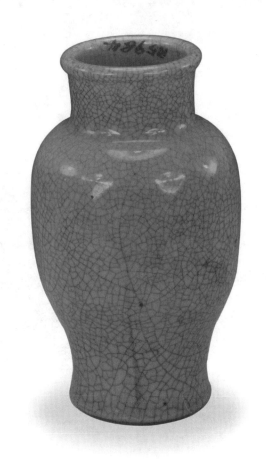

清青花山水人物笔洗

口径 22.4cm，通高 17.5cm

敛口，宽平沿，凸唇，深弧腹，平底，
底无釉。罐身用青花绘奇峰流水、
参差树木，水中渔夫弄舟，岸上隐
士书童闲谈，整体主题优美隐逸。

清仿哥釉瓷盘

口径 27.7cm，通高 5.8cm

敞口，弧腹，圈足。通体施青釉，釉面开细小冰裂纹，底有六小孔。

清青花龙纹小罐

通宽 7cm，通高 9.8cm

直口，细直颈，溜肩，弧腹下收，圈足。肩绘一周青花八宝纹，罐身绘青花云龙纹、蝙蝠纹。口、颈和足露胎。缺盖。

清青花花卉纹圈足炉

口径 22.5cm，高 12cm

侈口，圆唇，束颈，溜肩，弧腹下收，圈足。颈绘青花莲瓣纹，腹绘青花花卉垂莲纹，足底露胎。

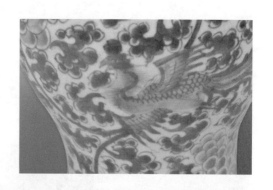

清青花凤穿花觚纹瓶

口径 22.3cm，高 43.8cm

喇叭口，长束颈，鼓腹下束收，平底外撇。颈腹均以
青花绘凤穿花觚纹，中有弦纹相隔。底画青花双圈款。

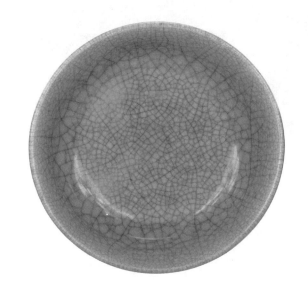

清青釉开片纹瓷碗

口径 19cm，高 7cm

敞口，弧腹下收，圈足。施青釉，开小片冰裂纹，足露胎。

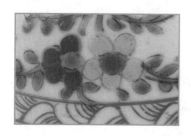

清德化窑粉彩花卉纹碗

口径 17cm，高 7.8cm

敞口，圆唇，弧腹，圈足。外腹上绘波浪纹，下绘片纹，中部绘粉彩花卉纹。

清仿哥釉七星瓷盘

口径 27cm，高 5.5cm

敞口，弧壁，圈足。通体施青釉，开片纹，圈足露胎，内有七星圆斑。

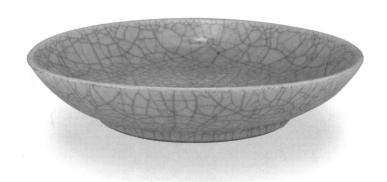

清青花花篮纹盘

口径 21cm，高 3.3cm

敞口，弧腹，圈足。饰金边，内饰青花花篮纹，外饰变体草纹，清新雅致。
圈足露胎。

清豆青釉青花山水纹瓷盘

口径 21.2cm，高 2.8cm

敞口，浅弧腹，折腰，圈足。内饰青花山水图，图中高山流水，
小桥人家，耕牛嬉戏，田园风光尽收盘中，意趣盎然。圈足露胎。

清青花夔龙纹盘

口径 21cm，高 3.2cm

敞口，斜腹，圈足。口饰金边，内绘海水夔龙纹，生动形象，气势磅礴。
圈足露胎。

清德化窑白釉双铺首瓶

口径 6.8cm，腹径 8.4cm，高 15cm

直口，束颈，溜肩，长身，鼓腹下束，矮圈足外撇。通体施白釉，肩部饰两圈弦纹，对称双铺首。瓶身线条流畅优美，铺首栩栩如生。

清青釉开片纹双铺首瓷瓶

腹径 16cm，高 28.3cm

口平沿外展，短颈，溜肩，斜弧腹，下部微束，圈足微外撇。施青釉，通体开细小片纹。肩部一周弦纹，饰对称双铺首假耳，底露胎。

清青花花卉纹罐

腹径 17cm，高 14cm

敛口，溜肩，斜弧腹下收，浅圈足。肩饰一圈变体如意云纹，腹饰青花花卉纹，足缠双圈青花弦纹。

清青釉开片纹瓣口瓷盘

口径 17cm，高 3.8cm

花形口，平沿，弧腹，圈足。通体施青釉，釉质精致光滑，开片纹，底露胎。

清青花花卉纹瓶

腹径 8.1cm，高 18.1cm

侈口，长束颈，溜肩，鼓腹，下腹微束，圈足外撇。腹绘青花花卉纹，背面绘两鸟，意趣盎然。瓶身线条流畅优美。圈足露胎。

清德化窑白釉狮子形烛台

通长 4.8cm，通宽 2.8cm，通高 10.5cm

器呈狮形，仰首半蹲于四方台上。眼珠微凸，嘴微张，毛发清晰，细节具美感。体型健硕，做工精美。右后方设一圆筒，用于放置蜡烛。通体施白釉，方座底镂空，露胎。

20 世纪日本蓝釉竹树纹双耳瓷瓶

通长 13.8cm，通宽 10.6cm，通高 22.1cm

喇叭口外展，短颈，溜肩，弧腹，圈足外撇。蓝底金花，肩两侧附有一对环形捏窝耳，腹部两个宽面分别绘竹树图和梅花图。

四、铜器

战国青铜鼎

通宽 21.5 cm，口径 20.5 cm，高 25.3 cm

炊器。盘口，沿上一对绚索竖耳，束颈，鼓腹，平底，三足细长外撇，由上至下渐细，足外侧起棱。

此类鼎地方特色浓厚，学术界称其为"越式鼎"，在粤西、桂北地区均有出土。鼎的主要用途是烹煮食物，后成为祭祀神灵的一种重要礼器。周代有"天子九鼎，诸侯七鼎，卿大夫五鼎，元士三鼎"的规定。秦代以后，鼎的王权象征意义逐渐失去。

战国青铜钫

通宽 8.7cm，直径 8.2 cm，高 13.3 cm

酒器，即方壶。方身，长颈，深腹，圈足。
器身有兽面纹铺首，环缺失。战国末年
称钫，流行于战国末期至汉代。

▶▶

汉宴乐战斗场景双铺首衔环铜壶

高 49 cm，口径 17 cm，足径 20 cm

敞口，宽颈，鼓腹，高圈足。腹部双铺
首衔环。器身饰宴乐战斗场景。

◀◀

汉双铺首耳弦纹高圈足铜杯

通宽 14.5 cm，直径 10.5 cm，高 7 cm

敞口，圆唇，束颈，深斜腹，高圈足，
足端外撇。杯身一对兽头铺首耳。腹部
有两周弦纹。

汉双铺首耳弦纹高圈足铜杯

通宽 16 cm，直径 10 cm，高 6 cm

敞口，圆唇，束颈，深斜腹，高圈足，
足端外撇。杯身一对兽头铺首耳。腹
部有两周弦纹。

汉日光铭文八连弧纹铜镜

直径 10.8 cm，厚 1 cm

半球状钮，钮中穿孔。圆形钮座。宽缘，内区饰八连弧纹、栉齿纹及铭文一周。

汉四乳博局纹铜镜

直径 10.2cm，厚 1cm

半球状钮，钮中穿孔。方座，饰双线
方框，框上布有四乳钉。内区为博局
纹。镜缘饰一周栉齿纹，两周三角齿
纹，一周凸弦纹。

汉四叶纹铜镜

直径 10cm，厚 1 cm

半球形钮，钮中穿孔。圆形钮座。宽缘，
内区饰四叶纹。

东汉日光铭文八连弧纹铜镜

直径 8.8 cm，厚 0.8 cm

半球形钮，钮中穿孔。圆形钮座。宽缘，
内区饰八连弧纹，外区为两周栉齿纹
夹一周铭文。

唐瑞兽葡萄纹铜镜

直径 8.5cm，厚 0.8 cm

瑞兽钮，中穿孔。外区饰一周三瓣花纹，
内区饰四只瑞兽，间饰葡萄纹。两区间
为一凸弦，间饰鸟鹊葡萄纹。

宋铜瑞兽熏炉

通长 14 cm，通宽 12.5 cm，通高 22 cm

站立状，体型较大，头部上仰，张口，牙齿锋利，
下巴有须。整体线条简洁流畅，鳞片刻画细致，
形态威武，辟御妖邪。

▶▶

宋带铭青铜镜

通长 17.2 cm，直径 9.5 cm，厚 0.5 cm

镜圆形，无钮，一面雕饰双凤呈祥纹图案，
下为手柄，下端刻有"关家照子"四字铭文。
宋代带柄铜镜的出现，改变了中国古镜必
须悬而用之、架而用之的传统使用方法。

◀◀

清如意纹双狮耳三足铜香炉

通长 50cm，口径 29 cm，通高 47 cm

直口，短颈，沿外折，肩近平，弧腹，平底，接三蹄足。颈至中腹饰三圈如意纹，口与肩部一对狮形耳，狮首上昂。

清镂空梅枝盖凤鸟纹双耳三足铜熏炉

通长 11.4 cm，通宽 7.6 cm，通高 11.7 cm

镂空梅枝盖。盘口，直颈，斜肩，平底，接三足。腹饰凤鸟纹，颈部出不规则形双耳。

▶▶

清双系三足铜盖鼎

通宽 22.5 cm，口径 20，通高 18 cm

弧形盖，上立三环形耳。子口，深弧腹，圜底，下接三兽蹄足。器口沿处一对方形竖耳。腹部饰一周凸弦纹。

◀◀

清双凤耳高足铜杯

长 18 cm，通高 26.5 cm，

口径 8 cm，足径 7.5 cm

敞口，深腹，双凤作耳，凤爪接杯口沿，凤尾弯垂至腹底。高足，足端外撇。

清素面铜镜

直径 16.5cm, 厚 0.8cm

圆钮平顶，钮中穿孔。钮至边缘间有
一周凸弦。素面。

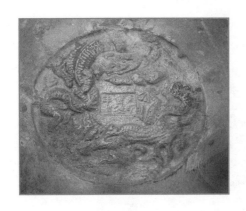

清仿"大明宣德年制"款双龙抱章双耳三足铜炉

通长 16.5 cm，通高 16 cm，炉高 11 cm，口径 15 cm

直口，平唇内折，口沿上有对称提耳，束颈，扁圆腹，圜底近平，三乳足，底部饰双龙抱章图，章内书文"大明宣德年制"双行六字年款。

民国如意纹小铜鞋

通长 6.7 cm，通宽 2.3 cm，通高 2 cm

船状，直口，鞋身饰如意纹，身与足间饰一圈凸弦纹，鞋头略尖，饰层叠状弦纹。

民国花鸟纹铜水烟壶

通长 12 cm，通宽 3 cm，

身长 6.5 cm，通高 25.5 cm

咬嘴略长，壶颈稍弯呈唢呐状，壶颈后侧接烟锅，咬嘴与壶颈相接处设一小圈，喜纹铜牌以红绳系于上方，咬嘴与壶身以铜链相连，壶身前饰花鸟纹，上方一侧设烟丝仓，另一侧接壶颈，中间置镊子。

◄◄

民国心形人物纹铜饰盒

通长 4.7 cm，通宽 4.7 cm，高 2.2 cm

心形，直口，带盖，盖盒上饰有两女，一女坐椅上，一女站于前，两边分别饰有芭蕉、松树。

五、金银器

民国龙纹高足鎏金银杯

高 6.2cm，口径 4cm，足径 4cm

银杯一对。敞口，深腹，高足。通体鎏金。饰龙纹，画面中驼首、鹿角、兔眼、牛耳、蛇颈、蜃腹、鱼鳞、虎掌、鹰爪等均刻画入微，气势灵现，栩栩如生。

六、铁器、其他金属器

民国二十四年带盖提梁锡壶

高 12.5cm，口径 4cm，底径 6cm

锡质，短颈圆腹，有提梁，一端设流，
平底。带盖。腹铸铭"民国廿四年秩"。

七、雕塑、造像

唐子鼠生肖砖雕

长 28 厘米，宽 14 厘米，厚 2.5 厘米

青灰色，长方形，一面模制鼠首人身俑。鼠首小眼，大耳，尖嘴。俑身着长袍，双手抱于胸前。鼠首右上方刻画"子"字。为随葬生肖之物。四会南田水库墓葬出土。

 ▶▶

唐丑牛生肖砖雕

长 28 厘米，宽 13.5 厘米，厚 2.5 厘米

青灰色，呈梯形，一面模制牛首人身俑，牛首大角，俑身着长袍，双手抱于胸前。牛首右上方刻画"丑"字。为随葬生肖之物。四会南田水库墓葬出土。

◀◀

唐辰龙生肖砖雕

长 26.5 厘米，宽 13.4 厘米，厚 2 厘米

青灰色，呈长方形，砖一面模制龙首人身俑，俑身着长袍双手抱于胸前。为随葬生肖之物。四会南田水库墓葬出土。

 ▶▶

唐巳蛇生肖砖雕

长 27 厘米，宽 13 厘米，厚 2.2 厘米

青灰色，呈长方形，砖一面模制蛇首人身俑，蛇首扁平，俑身着长袍，双手抱于胸前，砖的背面刻画"巳"字。为随葬生肖之物。四会南田水库墓葬出土。

 ◀◀

唐午马生肖砖雕

长 30 厘米，宽 14 厘米，厚 2 厘米

青灰色，呈长方形，砖一面模制马首人身俑，马首已残缺，俑身着长袍双手抱于胸前，砖背刻画"午"字。为随葬生肖之物。四会南田水库墓葬出土。

 ▶▶

唐未羊生肖砖雕

长 30 厘米，宽 15 厘米，厚 2.5 厘米

青灰色，呈梯形，砖一面模制羊首人身俑，羊首的耳和角部均残，俑身着长袍，双手抱于胸前。为随葬生肖之物。四会南田水库墓葬出土。

◀◀

唐申猴生肖砖雕

长 28 厘米，宽 13.5 厘米，厚 2.5 厘米

青灰色，呈长方形，砖一面模制猴首人
身俑，猴首粗眉圆眼咧嘴，俑身着长袍，
双手抱于胸前。为随葬生肖之物。四会
南田水库墓葬出土。

 ►►

唐酉鸡生肖砖雕

长 28 厘米，宽 13.5 厘米，厚 2 厘米

灰陶质，青灰色，呈长方形，砖一面模
制鸡首人身俑，鸡首高冠圆眼，俑身着
长袍，双手抱于胸前，在鸡首的右方刻
画"酉"字。为随葬生肖之物。四会南
田水库墓葬出土。

◄◄

唐戌狗生肖砖雕

长 30 厘米，宽 15.5 厘米，厚 2.5 厘米

青灰色，呈六边梯形，砖一面模制狗首
人身俑，狗首立耳，三角眼，尖嘴微张，
俑身着长袍，双手抱于胸前。砖的背面
刻画"戌"字。为随葬生肖之物。四会
南田水库墓葬出土。

唐亥猪生肖砖雕

长 28 厘米，宽 13.5 厘米，厚 2 厘米

青灰色，呈长方形，砖一面模制猪首人
身俑，猪首大耳，圆眼，长嘴，俑身着
长袍，双手抱于胸前。在猪首右上方刻
画"亥"字。为随葬生肖之物。四会南
田水库墓葬出土。

宋鎏金天王铜像

通长 3cm，通宽 2.5cm，通高 7.8cm

器为西方广目天王，护持西牛贺洲。姿态神勇威严，金蛇缠腰，脚踩圆座，下伏一虎。通体鎏金。

明三彩陶立俑

通高 40cm，通长 11cm，通宽 8.5cm

立俑头戴衔差帽，平顶。五官端正，博衣宽袖，腰系束带，右手握拳，左手置于袖内，足穿长靴。墨描眉目、头发，朱唇。站立于六角座上。全身施绿彩，造型生动，工艺高超。

明三彩陶立俑

通高 39.5cm，通长 10.5cm，通宽 8.5cm

站立状，头戴衙役帽，圆顶。面部表情庄严肃穆，长衫束带，足穿长靴，握拳于胸。用黑线勾勒眉、眼、发等，朱唇。衣服施绿、黄、红等色釉。站立于六角座上。造型线条流畅，彩绘鲜艳。

明金漆木雕文官坐像

通高 34cm，通长 13cm，通宽 13cm

木质雕制，器表漆金。坐姿端正，双手呈捧物状。头戴官帽，大耳垂肩，神情严肃，内穿交领长衫束腰带，外搭宽袖官服。

◄◄

明贴金木雕捧印神像

通高 43cm，通长 15.5cm，通宽 15.5cm

木质雕制，器表贴金。站姿端庄，头戴冠饰，扬眉长耳，面目慈祥，身穿交领右衽深衣，腰间束带，双手捧印。

 ▶▶

明贴金木雕人物像

通高 43cm，通长 16cm，通宽 16cm

贴金木雕，头戴冠，额头有皱褶，深目，大鼻长耳，胡须浓密长至胸前，雕像呈说话状，身体右倾，双手自然摆动。

◀◀

清德化窑白釉莲花座观音坐像

通高 21cm，通长 9.5cm，通宽 6cm

观音头发盘髻，戴女式风帽和披肩长巾，手捧金珠，以结跏趺坐于莲花座之上，面部轮廓清晰，服饰纹理自然细致，形态端正，慈眉善目，将观音的慈爱和普度众生的情怀尽情展现。器表施白釉。

 ▶▶

清金漆木雕神像

高 27.5cm，通长 15.3cm，通宽 8.2cm

木质雕制，漆金。头戴乌纱帽，身穿圆领长袍，呈右倾坐姿，右手置于胸前，左手高举持法器。

◀◀

清金漆木雕莲花座观音坐像

通高 37cm，通长 13.5cm，通宽 13.5cm

木质雕刻而成，通体漆金，显得饱满厚重。观音头戴莲花冠，发髻高耸。大耳垂肩，面目庄严，脸部圆润，端庄秀美，神态安详。身披袈裟，盖覆双腿，双手合掌结跏趺坐于莲花座之上。

►►

清双狮八卦图石雕

长 36 厘米，宽 13 厘米，高 36.5 厘米

石质，八卦图居中，三剑支撑呈竖立状。双狮左右站立，口含金币，足踏宝珠。雄性体形矫健，头大脸阔，姿态甚是威猛。象征平安、吉祥。

◄◄

民国德化窑白釉观音坐像

通长 24cm，通宽 11cm，通高 46.8cm

观音像右手抱臂半跌足坐于莲台上，右后方堆放卷轴三卷。观音眉目低垂，面容慈悲，姿态优雅，胸前佩戴璎珞，发型、衣物、莲台细节刻画细致，做工精巧。通体空心，器表施白釉。

▶▶

民国彩绘莲花座瓷观音坐像

通长 8.2cm，通宽 5.5cm，通高 17.5cm

观音呈坐姿，盘坐于海水彩莲座上。五官端正，眉眼和蔼慈祥，神态庄严雍容，项戴宝石，头戴帽巾，身穿衣袍。右手置于膝上，左手置胸前平托。器表施白釉，彩绘。

◀◀

八、石器、石刻、砖瓦

汉云纹瓦当

直径 15cm，厚 2.5cm

圆形，宽缘，用双线十字分成四个区，各个区内阳刻有
云纹。现存瓦当部分，瓦当后部所连接的筒瓦缺失。

明"景泰三年敕命"碑刻

长 144 cm，宽 57 cm，厚 6.2 cm

砚石。晕首，长身，上窄下宽，上端为双龙戏珠图，两侧为云纹。楷书阴刻。碑文为："奉天承运，敕曰：国家兵卫之设，所以分理军政。长贰皆以勋臣处之。至于协赞其幕者，亦必得文迤克有济尔。南京龙骧卫经历司知事□自□由□谓授以斯职，历年既久，式克慎勤是用□尔阶修职郎，锡之敕命以为身，□其益尽心，毋怠厥事。钦哉。敕命景泰三年九月之宝"。这是任命修职郎的敕命。

▶▶

明成化九年"镇安"石匾额

高 37cm，宽 17cm，厚 4.5cm

原为四会明朝县城北门门额匾，北门已废。"镇安"两字阴刻楷书，横列。已风化脱落，字迹模糊，仅见"安"字的下部。

明洪武二十三年（1390），四会时以木栅为城，天顺八年（1464）改为砖城，成化三年（1467）完成。城墙周长 1923 米，高 6 米，厚 4.7 米。串楼 548 间，御敌楼 18 座。周围有壕堑，深 3 米，宽 10 米，城开 4 门，北门曰镇安，南门曰清宁，东门曰阳和，西门曰德泽。镇安寓意"镇守安宁"。

◀◀

明"五嵒砖正"城砖

砖长 26.7cm，宽 18.7cm，厚 10.4cm

原是明代四会北门城墙砖，城门已毁，砖的一个宽面阴刻"五嵒砖正"四字，竖列。明洪武二十三年（1390），四会时以木栅为城，天顺八年（1464）改为砖城，成化三年（1467）完成。城墙周长1923米，高6米，厚4.7米。串楼548间，御敌楼18座。周围有壕堑，深3米，宽10米，城开4门，北门曰镇安，南门曰清宁，东门曰阳和，西门曰德泽。镇安寓意"镇守安宁"。

▶▶

明"太平都砖"城砖

长 39.4cm，宽 18.8cm，厚 9.8cm

原是明代四会北门城墙砖，城门已毁。砖面阴刻正楷"太平都砖"四字，竖列。明洪武二十三年（1390），四会时以木栅为城，天顺八年（1464）改为砖城，成化三年（1467）完成。城墙周长1923米，高6米，厚4.7米。串楼548间，御敌楼18座。周围有壕堑，深3米，宽10米，城开4门，北门曰镇安，南门曰清宁，东门曰阳和，西门曰德泽。镇安寓意"镇守安宁"。

◀◀

明成化十一年"龙华寺重妆佛像记"石碑

高 124cm，宽 76cm，厚 10cm

原位于龙华寺内，祠废已久。碑额横列两行，阴刻篆书。碑题和碑文竖列，皆阴刻正楷，共 14 行。后有落款和捐妆佛银两之人的姓名，明成化十一年，四会县僧会司龙华寺立碑文记述龙华寺重妆佛像的缘由和意义。

 ▶▶

明嘉靖"宋儒范氏心箴"石碑记

高 143cm，宽 97cm，厚 12cm

平顶，斜角，扁体，下有凸榫。碑额阴刻篆书"宗翰"两字，碑题竖列，阴刻楷书，14 行。碑文分前后两部分，前部分记述范氏心箴的内容，后部分说明宋儒范氏作心箴的意义。

◀◀

明嘉靖七年嘉靖帝论"心箴"石碑记

高 142cm，宽 96cm，厚 12cm

砚石，平顶，斜角，下部已残。碑额竖列，阴刻篆书"圣谕"两字。碑文含圣谕六则，竖列，字迹细密模糊。碑文记述嘉靖帝在嘉靖六年十一月十八日至十二月初三期间，给内阁辅臣杨一情、谢迁、张聪、罗鉴的圣谕，内容是有关嘉靖帝读程氏、范氏等心箴的见解感受。每段论述后附大臣上奏的内容。四周阴刻如意云龙纹饰。嘉靖七年二月二十二日立。

▲▲

明崇祯十四年"旌表梁女贞烈祠记"石碑

边长 90cm，厚 10cm

平顶，方形。原位于贞仙祠内，祠废已久。碑额横列，阴刻篆书"旌表"二字。碑题和碑文竖列，皆阴刻正楷，碑题"旌表梁女贞烈祠记"碑文 23 行。碑额两侧刻云龙纹饰，碑两侧刻如意纹饰。字体较清晰，崇祯十四年，主簿宋之雍，典史全世侃，乡绅黄懋，黄道懿立。碑文记述梁化贞烈事迹和意义及其建祠立坊的缘由。

◀◀

清乾隆八年"武庙新拔官地碑记"石刻

高80cm，宽52cm，厚7cm

碑已残。碑题和碑文竖列，阴刻楷书，碑题为"武
庙新拔官地碑记"。"乾隆八年肇庆府四会县正堂
加一级王守创立"。

▶▶

清"道光二十九年"砖盒坟契

边长23.3cm，高2.5 cm

正方形，浅红色阶砖，子母口，带盖。有"道光
二十九年二月吉日武夷王等"文字，朱砂书写，

行楷字体，分十一行："立此地□□武庚王令有吉地一穴　王名野狸岗生已向□□东至青龙　南至朱雀西至
白虎北至玄武东西　四至分明□托中人张坚固李定度　问到何宅安葬梁氏孺人值今时　价银三十六两六钱六
分六厘就日立尽交银明白葬后兴隆昌识　毋得违亢 如有违亢照放 太上玄都律令施行 作中人张坚固 李定变
道光二十九年二月吉日武庚王□"。

▲▲

清咸丰十一年吴大猷中举碑

高 198cm，宽 48cm，厚 12cm

碑内容为吴大猷中举，咸丰十一年立。字竖列，阳刻楷书。

▲▲

清光绪八年严云藻中举碑

高 143cm，宽 42cm，厚 10cm

长身，字竖列三行，阴刻楷书，首行书"光绪八年壬午科"，中行书"顺天乡试中式壹百名举人"，末行书"严云藻立"。

◄◄

清光绪十五年李炳时中举碑

高 123cm，宽 48cm，厚 9cm

碑残损，竖列三行，阴刻楷书。首行"光绪十五年己丑"，中行"恩科中式第十一名举人"，末行"李炳时立"。

清光绪二十八年"四会县正堂告示牌"石碑

高 113cm，宽 63cm，厚 13cm

碑身部分残缺。平顶，斜角。碑额竖列，阴刻"加四品衔赏戴花翎四会县正堂加十级记录十次"。碑文竖列共十六行，光绪二十八年四月初五日告示。碑文记述广宁的竹木山场业主客商，以运输竹木为业，从广宁运货至四会仓岗，被土豪恶棍敲诈勒索。血本无归。客商因此告之官府，官府立此文告示，对纠众截抢者从严处置。

▲▲

清"文武官员至此下马"石碑

高 152cm，宽 42cm，厚 10cm

长身，碑已断为两截。中间凹下，内为"文武官员至此下马"字体，竖列，阳刻楷书。

 ▶▶

清"节孝流芳"石匾

高 54cm，宽 216cm，厚 10cm

石匾自右而左，横列，阳刻"节孝流芳"，楷书。

▲▲

清双凤牡丹石浮雕板饰

高 78cm，宽 163cm，厚 13cm

长方体，器表阳刻双凤牡丹纹饰。

清宝鸭穿莲石浮雕板饰

高 78cm，宽 163cm，厚 13cm

长方体，器表阳刻宝鸭穿莲纹饰。

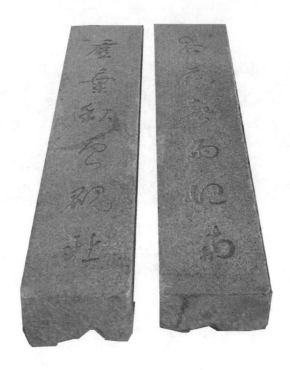

清"蕉叶秋风砚北，杏花春雨江南"楹联石刻

高 112cm，宽 24cm，厚 17cm

一对。阴刻草书，右为"蕉叶秋风砚北"，左为"杏花春雨江南"，落款为"少坡书"。

清圆形石钵

直径 28.5cm，高 8.5cm

平沿，直身，浅腹，平底。

清—民国碾布石

长 144 cm，宽 34 cm，高 53.5 cm

碾布石，又称滚布石，因其形状神似元宝，又称"元宝石"。是古代染布作坊布块碾压工具的主要构件。

布块碾压工具主要由上下两部分组成。上部是碾布石，一般用整石经加工打造成蝶形，中间凹两边凸，底部是长方形滑面。布块碾压工具下部是一长方形垫石的碾布床。碾布时，在布块上喷洒水后，将其铺在碾布床上。布上放一根洁净光滑的粗圆木，再将碾布石底部压住圆木。一人双脚踩踏碾布石两翼，来回滚动，反复碾压布块，直至布块光洁平整。经过碾压的布块平滑、结实，光亮如镜，不易褪色。

民国四年广宁、四会、三水等县知事兼警察所长公示石碑

高 152cm，宽 78cm，厚 28cm

砚石，字迹较清晰。阴刻楷书，碑题、碑文分成广宁、四会、三水三部分，碑题、碑文竖列。"广宁、四会、三水县知事兼警察所所长"，分别姓唐、李、谢，于民国四年六月四日、四年十一月八日、三年九月示。碑文记述了广宁县顾水埠水柏柴杉行代表马弼乡江星南等制定水柏柴杉行行规，并分别在四会和三水建馆。行规规定用抽银的形式来集资，由专人管理，用于行业管理和地方公益。故将情况和规定条文用石刻的形式来展示，并通报三个县政府备案。

江 濱 堤 園

1942 年"忍看孤小对凄怆"国画

纵 113cm，横 44cm

纸本，立轴，设色。画中是重庆被日寇轰炸，断壁残垣，一位失去丈夫的妇女，抱着襁褓中的婴儿，悲痛欲绝。身边是先人留下的斗笠和草鞋。整条街道，一片废墟。可以看到人物造型不大，腾出大的空间来刻画凄惨景象。电线杆被炸歪，房屋被炸毁，硝烟似乎还未散去，色调天然阴沉。在这种凄凉的场景下，更显妇女柔弱和孤单，也烘托出中国劳动妇女在沉重灾难面前坚韧的精神。

1942 年"顾客何处"国画

纵 95 cm，横 45 cm

纸本，立轴，设色。画中是一个白发苍苍的老人，目视远方，坐在地上，挽起裤腿，背部依靠着电线杆，手里拿着秤杆。圆筐装着的货物放于脚前。电线杆背后是一棵孤树。整个画作色调阴沉，用一个最普通中国劳动者等待顾客的形象，来表现出日寇轰炸后的重庆是如此萧条和荒凉，也烘托出了中国劳动者的坚韧精神和对沉重灾难的抗争。

1943年"夫去抗日梦里会"国画

纵82 cm，横39 cm

纸本，立轴，设色。题为《夫去抗日梦里会》。图中幽静夏夜，近处为多株芭蕉树，芭蕉树影婆娑。图右上为芭蕉树枝围成圆镜，其左上被芭蕉树枝打破，圆内是一个妇女侧卧床榻，身着夏衣，薄纱盖住半身，右手置于左手肩上，左手半握于额前，似乎有愁容。该画画出圆镜中侧榻的妻子，用大量的芭蕉来表达相思之情，左上那支芭蕉更是打破了圆镜。

1947 年"割草娃"国画

纵 92 cm，横 41 cm

纸本，立轴，设色。画中是一个少女赤脚坐在落红叶的草地上，少女目视远方，右手置于膝上，左手放于脚踝处，身前放着装满草的竹篓，辛勤劳动后的小憩。在少女背后是满是红叶的枫树，远景为青山。表现出了中国底层人民的勤劳。

1999 年关山月 "江滨堤园" 书法

纵 33cm，横 68.8 cm

纸本，横幅。题于 1999 年 5-6 月，落款："关山月题"，钤印："关山月印"（白文方印）。作品笔力遒劲，奔放流畅，一气呵成，浓重的墨色与他老辣的笔法让人感受到一股强烈的力量。

四会市江滨堤园，高约 10 米，面宽约 20 米，有的地段宽达四五十米，用作广场，是捍卫市区人民生命财产和经济建设的一项重大工程，也是四会建设风景旅游城市的一项重点工程，2001 年建成。

十、文具

清仿"大明成化年制"款青花五彩笔筒

口径 10.2cm，高 12.2cm

敞口，束腰，圈足外撇。通体施白釉。外壁绘五彩花卉、蜻蜓、彩蝶等图案，
底有青花"大明成化年制"双行六字年款。

民国椭圆形山水纹铜印盒

长径 5.5cm，短径 3.6cm，通高 2.1cm

椭圆形，带盖。直口，平底。盖面饰山水图案。

民国方形花草人物图铜印盒

边长 4.9 cm，通高 2.3 cm

方形，带盖，直口，平底。盖面饰花草、树木、人物图案。

民国带铭半圆柱形铜印盒

长径 3.2 cm，通宽 1.6 cm，通高 3.3 cm

半圆柱形，带盖。子口，直身，平底。盒身铸铭文字，盖与底的正面均饰凸弦纹。

十一、玺印符牌

清"佛曰增辉"狮钮铜印

边长 2.5cm，高 5cm

平面方型，上部为狮钮，狮呈四脚着地，头扭向一方；下部为方印，
阴刻"佛曰增辉"四字。

十二、钱币

战国环首铜刀币

通长 14 cm，通宽 1.6 cm

明刀，钱文略模糊，形制保存完好。刀前端略宽，刀尖较钝，刀背圆折，环首。器表铸一个"0D"字符号，刀柄上有三直线纹。

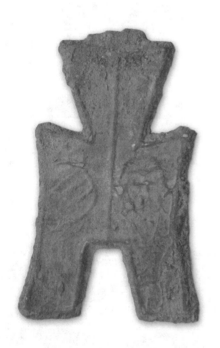

战国安阳方足铜布币

通长 4.2 cm，通宽 2.5 cm

平首、方足、肩平稍耸，腰略束；面有廓，正面自首部到尾部有一道竖纹，背面中部一道竖纹，两侧各一道斜纹。铸有"安阳"二字。

安阳，地名，属赵邑，在今河南安阳。安阳铜布币是战国时期流通较广和流传至今也较多的一种钱币。

西汉新莽大泉五十铜钱

直径 2.6 cm

圆形方孔，窄缘窄廓。阳铸篆书大泉五十，对读。背素面。"大泉
五十"初铸于居摄二年（公元 7 年），这是王莽第一次货币改革的新
铸币之一。天凤元年（公元 14 年）王莽进行第四次货币改革后，大
泉五十铜钱继续流行，但已迅速贬值，至地皇元年（公元 20 年）被禁用。
它是王莽统治时期流行时间较长的一种币型。

西汉新莽货布

通长 5.8 cm，通宽 2.2 cm

制作厚实工整，面背及穿孔有廓，中竖线止于穿下，"货布"二字作垂针篆列于两侧，书体潇洒俊逸。

王莽天凤元年（公元 14 年）第四次货币改制时铸，铜钱与货泉、货布并行，一布当货泉二十五，亦当暂时留用的大泉五十铜钱二十五枚。货布自天凤元年至新莽灭亡（公元 23 年）铸行十年之久，与"大泉五十""货泉"合为王莽三大"长命钱"。

汉五铢铜钱

直径 2.4 cm

圆形方孔，穿两侧阳铸篆书"五铢"，穿廓清晰方正。

唐"开元通宝"铜钱

直径 2.4 cm

圆形方孔，宽缘窄廓。面文"开元通宝"，隶书，对读。唐开元通宝钱始铸于武德四年（621 年），有青铜、铁、铅、金、银五种材质，铜钱一般直径 2.4 cm 左右，重约 3.6 克。

五代十国南汉"乾亨重宝"铅钱

直径 2.8cm，内孔径 1cm，厚 0.2cm

五代十国期间南汉国钱币，铅质，正面书"乾亨重宝"，背书"邑"字。南汉高祖刘龑乾亨二年（918 年）始铸"乾亨重宝"铅钱，铅钱十当铜钱一。"乾亨重宝"是岭南首次大规模铸造钱币，在岭南使用 50 年。南汉国（917—971 年）是五代十国时期的地方政权之一，位于现广东、广西两地及越南北部。

北宋"大观通宝"铜钱

直径 4cm，内孔径 1.3cm，厚 0.20cm

北宋徽宗赵佶在大观年间 (1107—1110 年) 所铸造的年号钱，钱文字体由宋徽宗采用"玉划银勾"瘦金体真书书写，钱文"大观通宝"字体纤秀，气韵贯通，"大"字一捺较长，"通"字为宋代方头通。

金"正隆元宝"铜钱

直径 2.4cm，内孔径 0.6cm，厚 0.25cm

金代海陵王完颜亮正隆三年(1158 年)铸造，钱文真书，
仿北宋大观平钱制作，质地精良，文字俊秀，楷书钱文旋读，
边廓整肃，钱文"正隆元宝"，"正"字分为四笔和五笔，
四笔是指正字的最后两笔连写成一笔。

元 "大中通宝" 铜钱

直径 2.5cm，内孔径 0.6cm，厚 0.15cm

元末朱元璋称吴王时（1361 年）所铸钱币，铸于应天府（今南京），
是一种小平大型钱，1368 年朱元璋建立明朝之后，改元洪武，
铸行 "洪武通宝"，"大中" 铜钱遂即停造。大中钱分五种，有
小平、折二、折三、折五和折十等。

明"洪武通宝"铜钱

直径 2.5 cm，重 13.7 克

小平钱。宽缘窄廓，钱文"洪武通宝"，楷书，对读，文字阔大。
背穿上"浙"字，代表浙江宝泉局所铸。

清光绪"大清铜币"

直径 2.9 cm

钱面中央有"大清铜币"四个汉字,上端是满文"大清铜币"字样,两侧为年份。边缘中间分别"户部"二汉字,下端为"当制钱十文"。钱背中央为蟠龙,上端是"光绪年造",下端英文"Tai-Ching Ti-Kuo Copper Coin"字样。

十三、古籍图书

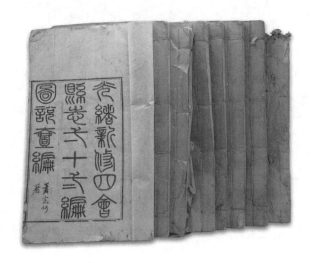

清光绪二十二年《四会县志》线装本

纵 29.5cm，横 17cm，厚 9.8cm

纸质，线装，清光绪二十二年（1896 年）刻印。总十二册，现存八册，为广东四会县地方志，内容涵盖了政治、经济、文化、民俗等方面，主要记载了四会县历史沿革、经济发展、人口分布、名胜古迹、风土人情、水利建设等，是四会本土地方志史书，为研究清代四会县发展提供了重要史料。

十四、武器

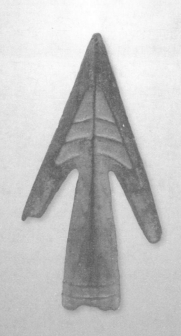

战国青铜剑

通长 52.2 cm，通宽 5 cm，厚 4.5 cm

剑首圆形，柄端圆柱茎，双凸箍，凹形剑格，棱脊，尖锋。
这是春秋晚期至战国在中原及楚地流行的剑式。

战国柳叶形青铜矛

通长 12.5 cm，通宽 3.5 cm，厚 2.1 cm

由叶和骹两部分组成，身具一锋二刃，中为隆起的脊，叶部呈柳叶形，尖锋。骹为直筒状，短骹，骹口圆形。

战国青铜矛

通长 31.4 cm，通宽 6.6 cm，厚 2 cm

长骹，骹口圆形。长叶，后端近骹部外张呈凸齿，中脊起棱，尖锋。

战国有胡青铜戈

通长 26.5 cm，通宽 11.6 cm，厚 1.6 cm

援部略扬起，舌形前锋，隆脊起棱。长胡三穿，长方内，内有一长方形穿，饰直线刻纹。

青铜戈是中国青铜时代特有的一种车兵作战使用的格斗兵器，装有长柄，能勾能啄、可推可掠，具有极强的杀伤性。

战国靴形钺

通宽 14.8 cm，通高 7.2 cm，銎口径 4.2 cm

整体为短靴形。扁圆銎，刃面形不对称，斜刃，正锋，前出较钝，后面垂直。

此钺的形状与商周以来铜器讲究对称的风格不同，多见于湖南、云南、两广、江浙及越南北部地区，普遍认为它是古代百越文化的器物。

战国青铜短剑

通长 31.5 cm，通宽 7.7 cm，厚 1.5 cm

燕尾形剑首，扁茎，菱形格，剑身长三角形，棱脊，尖锋。

这种短剑，形制独特，地域性强，类似的器物发现于岭南地区的两广、香港，还有越南等地。

战国青铜短剑

通长 27 cm，通宽 7 cm，茎径 3 cm

圆首，柄微束，圆茎中空，一字剑格，刃部两侧中段突出，前出三角形尖锋。两面饰有勾连云纹。是受西部滇文化影响的产物。

战国青铜钺

通长 14.8 cm，通宽 7.2 cm，銎口径 4.2 cm

扁圆銎，出双肩，长身微束，刃面圆弧形，略
外展，正锋。

►►

战国青铜箭镞

通长 14 cm，通宽 7 cm，銎口径 3 cm

圆铤，双翼较宽，身呈三角形，倒刺较长，
一端略残，棱脊。

镞是用弓弦弹发的远射兵器。这是大型
弩弓上的箭镞，十分罕见。

◄◄

战国无胡青铜戈

通长 27.2 cm，通宽 7.1 cm，厚 1.2 cm

器体稍弯。直援，前出三角形锋，有阑，长方形内，内有一穿。

战国三角形铜戈

通长 24 cm，通宽 9.7 cm，厚 1 cm

短胡，戈身作三角形，直援稍弯，前锋圆钝，有阑，阑侧三个
长方形穿，直内，内后缘近圆，上有两个长方形穿。

战国青铜镈

高 7.5 cm，宽 3.5 cm，厚 1.6 cm

六边形銎口，授柲端扁宽，下端窄收封闭，平底。镈是用来
装配戈柄下端木柄尾部的金属套。

十五、文件、宣传品

民国铜质"广东广宁县农民协会会员证章" 第一次国内革命战争"广东广宁县农民协会会员证章"

直径 3.2cm，通长 3.5 cm，厚 0.22 cm

铜质，正面中心铸有国民党党徽和"广东广宁县农民协会会员证章"篆书字样，下方铸有犁头图案，背面分别有阴文阿拉伯字 2285、2260 号。

1924 年 10 月 10 日，广宁县农民协会在县城南街举行成立大会。中共广东区委委员、农委书记阮啸仙向广宁县农民协会授旗授印大会选出第一届广宁县农民协会执行委员会，周其鉴为委员长，陈伯忠为副委员长。这是广东西江地区第一个县级农会组织。

民国"正志书堂"铜证章

通宽 2.8cm，通长 6.5 cm，厚 0.2 cm

黄铜质，正面中心铸有"正志书堂"楷书繁体字样，周边铸饰麦穗图案。
背面铸有"国文专脩"楷书繁体字样。

十六、档案文书

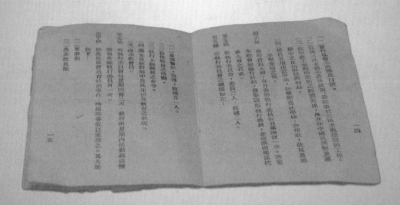

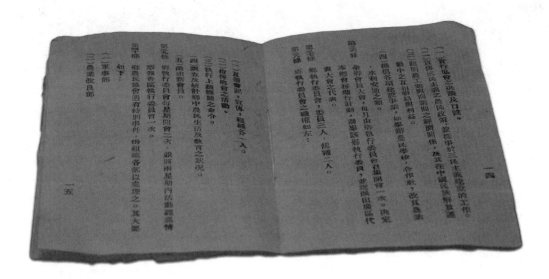

民国"广东省农民协会修正章程"

纵12.5cm、横9.5cm、厚0.8cm

纸本，繁宋体。残损。1926年5月制定并通过。章程以书面文字方式规定了广东省农民协会的工作任务、会员权利和义务、农会产生方式等内容，为研究广东农民协会、农民运动及土地革命斗争的发展提供了史料。

十七、名人遗物

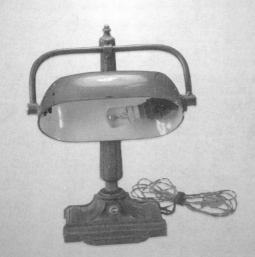

民国时期"国医彭泽民先生廎"铜牌匾

长 126cm，宽 54cm，厚 5cm

长方形，红木外框，内为铜牌，牌匾顶端有两环形扣。字繁体，竖列。彭泽民在香港行医时，陈李济工厂、广生行有限公司、先施化妆品厂、永安蒲色仓职工同敬赠。

民国时期彭泽民用过的象牙筷子

长 22cm. 宽 2cm，厚 1.7cm

一双。象牙材质，通体细长，牙黄色。上部为四面
体柱形，往下四面柱形逐渐内收为圆柱筒形，下部
圆润。这是彭泽民在香港寓居行医时，为广大贫苦
劳工免费诊治施药，为表感激，香港海员赠送给彭
泽民，此后彭泽民一直珍爱使用。

►►

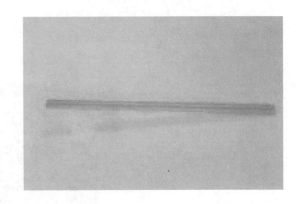

现代彭泽民使用过的办公台灯

通长 16.5cm，通宽 13cm，通高 33cm

台灯为铜质，整体呈棕红色。方形底座，中部四面弧形突出承托，
上有摇杆开关。瓜棱形支柱，支柱顶部作圆帽状，其下有一环扣。
灯罩为覆盆形，内为白彩，外为绿彩。底座和支柱上有交错斜线浮雕。

▲▲

十八、乐器、法器

清铜钱剑法器

通长 51cm，通宽 9cm，厚 1.5cm

又称金钱剑，剑身由单排双层乾隆通宝、道光通宝等铜钱币和棉麻纤维编织而成，结实紧密，另悬挂花球，手工精致。金钱剑乃法师用于抓鬼降伏妖魔鬼怪之用，也可以挂在门前辟邪挡煞。

十九、皮革

民国手提公文包

长 45.5 cm，宽 33.5 cm，厚 10 cm

黄褐色，表层以黄牛皮制成，皮质较软，纹理较细腻，锁头和左右肩部等金属构件均为铜质，锁头左右两边均有皮带铜钩。此包共有 3 个大隔层，衬以浅色的细帆布，另有一个小隔层。此公文包为彭泽民先生出国参加会议及访问德国、苏联时使用。

彭泽民（1877—1956 年），1906 年加入同盟会，中国农工民主党创始人之一，国民党左派元老、著名爱国华侨领袖、中国共产党的挚友。曾组织领导华侨支持北伐，参加了中国共产党"八一"南昌起义。中华人民共和国成立后，历任全国政协常委、中央人民政府委员、全国侨联副主席、农工民主党中央副主席、全国人大常委会委员等职。

二十、度量衡器

宋"元丰"铭青铜权

高 8.1 cm，长 3 cm，宽 1.7 cm

权即秤锤，顶部作半环形，中穿孔，
主体为六面，近底部有一周凹槽，
圆形底座。器身有"元丰"两字铭文。

元"延祐元年"铭青铜权

高 8.6 cm，长 4 cm，宽 2.4 cm

顶部作方形，中穿圆孔，主体为
六面，束腰，喇叭形底座。一面
刻阴文"延祐"，另一面刻"元年"，
侧面刻"左"字。

◄◄

元"至治元年"铭青铜权

高 6.7 cm，长 4 cm，宽 4 cm

顶部作方形，中穿圆孔，主体为球体，束腰，腰上凸棱一周，喇叭形底座，上有三周凸棱。一面刻"至治元年"，另一面刻"官"和"二"字。

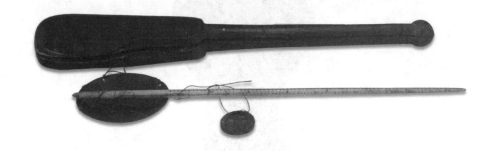

清厘戥秤（带盒）

秤杆长 27cm，秤盘口径 6.5cm，高 1.5cm

牙骨角质，有十六进制精确刻度，铜质圆盘，配琴式木盒。为
称量贵重物品或药物的衡量，灵敏度高、称量精确。

二十一、其他

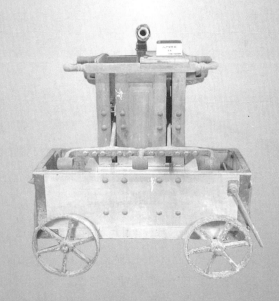

民国有铭人力消防车

通长 150cm, 通宽 110cm, 通高 158cm

四轮式铁木结构，整体制造材料非常考究。车上有水槽以及手柄压式活塞水泵装置，水泵均为铜质，摇臂为生铁，水槽和车身由细密坚硬的木板制造，车身两侧刻有"永清阉约"的字样。

人力消防车使用时，需插入木棍多人加压，加压人员要在两边一上一下抽水加压，水才会被抽到加压装置里，水车靠人力通过活塞抽吸后，通过加压，水受气压作用便能从水枪内喷射出来，射程可达到 10 米。

►►

民国消防水枪

长 180cm，底部直径 4.6cm

水枪，又称水笔，铜质。有内外两个圆套，内套顶部有一细小的圆孔喷嘴，外套底部密布多个圆形进水孔。使用时，把外套底部浸入桶中的水，通过手动，上下伸缩，抽压内套，套内的活塞一张一合，使水从喷嘴泵出，射向着火点，达到灭火目的。

◄◄

后 记

在四会市委和市政府的重视和支持下，在省市文物主管部门和普查办专家的指导下，在四会市有关部门和社会各界的配合关心下，经过全体普查人员共同努力，四会市第一次全国可移动文物普查工作圆满结束。2016 年 4 月对我市 752 件（套）文物数据进行了审核验收，合格率 100%，顺利通过专家组验收。这些文物是四会悠久历史的反映，具有地方特色、人文历史价值和艺术科学研究价值，极大地丰富了本土地方特色文化内涵，是四会重要的文化财富。

根据国务院、广东省、肇庆市有关文物普查要求，我们编制《古邑藏珍——四会市可移动文物图录》，图文并茂地介绍了四会市部分国有可移动文物，旨在让人们了解四会的历史文化及文化遗产，进一步做好可移动文物保护工作。为文物工作者和社会公众提供文物信息服务，为全市文物保护规划编制、历史文物研究、文物保护宣传教育等提供了珍贵翔实的资料。

《古邑藏珍——四会市可移动文物图录》是编辑组全体人员的心血，在其编制过程中付出极大的智慧和汗水。参与编写人员有：梁灶群、梁志聪、陈颖聪、吕雯靖、钟文珊、雷越、林聪荣。

在编辑组成员的共同努力下《古邑藏珍——四会市可移动文物图录》编制工作顺利完成。由于水平有限，本书难免有纰漏之处，恳请各位领导、专家、学者和同仁批评指正。

本书在编辑过程中，得到广东省文物考古研究所邱立诚研究院的悉心指导，并提出修改意见，在此表示由衷的感谢。

在本名录编制完成即将付梓之际，谨向关心、支持四会市文物普查工作的各有关部门表示衷心感谢，向为本次普查工作付出辛勤劳动的专家学者、普查工作人员和社会各界人士一并表示崇高的敬意。